Van Ingrid en Dieter Schubert verschenen bij Lemniscaat

Er ligt een krokodil onder mijn bed!
Helemaal verkikkerd
Ravestreken
Ik kan niet slapen!
Platvoetje
Monkie
Wie niet sterk is…
Van mug tot olifant
Abracadabra
Een gat in mijn emmer
Dat komt er nou van…
Samen kunnen we alles
Er kan nog meer bij

Achtste druk, 2002
© Lemniscaat b.v. Rotterdam 1989
ISBN 90 6069 841 X
Druk- en bindwerk: Proost N.V., Turnhout

Ingrid & Dieter Schubert

Woeste Willem

Lemniscaat 8 Rotterdam

Aan de rand van het meer woont Woeste Willem. Willem is
zeerover. Of eigenlijk: Willem wàs zeerover, want hij is met
pensioen. Een schip heeft hij ook niet meer. Hij woont nu in
een huis, dat hij zelf heeft gebouwd.

Woeste Willem is een echte brombeer. Hij houdt niet van gezelschap.
Iedereen die het waagt in de buurt van zijn huis te komen, jaagt hij
weg. Hij zwaait met zijn armen en brult: 'Hoepel op, landrotten!'

Allemaal zijn ze bang voor hem. Maar denk je dat hij dat erg vindt?
Niks hoor! Hij is net zo lief alleen. De hele dag zit hij in het
kraaienest boven in de boom en tuurt door zijn verrekijker.

Als Willem op een avond zeeroversliedjes zit te spelen op zijn
oude harmonika, hoort hij een raar geluid boven zijn hoofd.
Hij rent naar buiten. Wat ziet hij daar? Er staat een jongetje
op het dak, vlak naast de schoorsteen.
'Alle haaien! Wie ben jij nou weer? Kom als de bliksem naar
beneden!' roept Willem kwaad.
'Ik ben Frank,' zegt het jongetje. 'Ik durf niet naar beneden.
Het is zo hoog!'
'Onzin! Je bent er toch ook op geklommen? Schiet op, kom eraf!'
Frank begint te huilen. Eerst zachtjes, maar dan steeds harder.
Wat moet ik daar nou mee? denkt Willem. Dit is toch echt meer
dan een zeerover verdragen kan.

Er zit niets anders op: Willem moet naar boven. Hij neemt Frank
onder zijn arm en zo glijden ze langs de regenpijp omlaag.
'Wat bent u sterk,' zegt Frank. 'Zo sterk als een leeuw.'
'Als een zeeleeuw,' gromt Woeste Willem.

'Wilt u heel alstublieft ook nog mijn vlieger van het dak af halen?'
vraagt Frank. 'Hij ligt naast de schoorsteen.'
Verdikkie, denkt Willem. Kan ik wéér het dak op! Mopperend klimt
hij naar boven. Daar ligt de vlieger, maar hij is helemaal kapot.
Willem gooit hem naar beneden: 'Vangen, landrot!'
Met een sip gezicht bekijkt Frank zijn kapotte vlieger.
'En nu opgehoepeld!' brult Willem. Frank begint te rennen.
'Tot ziens!' roept hij over zijn schouder.
'Alsjeblieft niet,' mompelt Willem.

Maar gek is dat: voortaan ligt er telkens iets bij Willem op de stoep.
Het zijn allemaal zelfgemaakte dingetjes, iedere dag weer wat anders.
'Waar zou die rommel toch vandaan komen?' moppert Willem.

Tot hij op een dag een tekening vindt. 'Hé, dat is mooi. Maar... dat
ben ik!' Nu snapt hij het opeens: het zijn cadeautjes. En hij weet
meteen van wie.
'Wacht 'ns even. Als ik nou eens... ja, dat is een goed idee!'
Willem begint in zijn spullen te rommelen. 'Stokken heb ik nodig,
en hier, dit oude laken...' Een hele middag is hij druk bezig.

Eindelijk is hij klaar. Hij doet de deur open, en wie staat daar
voor zijn neus? Frank!
Nog net kan Willem de vlieger achter zijn rug frommelen.
'Raad eens wat ik hier heb?'
'Geen flauw idee,' zegt Frank.
'Een vlieger natuurlijk!' roept Willem. 'Dat zie je toch wel?'
'Maar hij heeft geen staart. Zonder staart doet-ie het niet.'

'Daar heb ik niet aan gedacht,' moet Willem toegeven.
Hij krabt zich eens achter zijn oor. 'Wacht even...'
Hij sleept zijn grote zeeroverskist naar buiten. Die is verschrikkelijk
zwaar. Frank helpt het deksel optillen en begint er nieuwsgierig in
rond te rommelen.
'Wat is dat allemaal?'
'O, van alles en nog wat. Allemaal van toen ik nog zeerover was.'

Willem pakt een vreemd, puntig ding uit de kist.
'Weet je wat dit is? Dit is nou de tand van een vliegende
zwaardtandhaai. Ik zat eens een keer in een zware storm.
Toen vloog die haai dwars door het zeil. Hij kon niet meer
heen of weer. Met heel veel moeite heb ik hem naar
beneden kunnen krijgen. Hij was me zo dankbaar dat ik
zijn tand kreeg. Die was trouwens toch al afgebroken.'

'En dit is het huisje van een piepklein zeemeerminnetje. Ik heb het
van haar gekregen toen ze ging verhuizen.'
Frank vist iets groens en glibberigs uit de kist. 'En dit?'
'Dat is de schoen van een waterman. Als die op bezoek was geweest,
kon ik meteen het dek gaan zwabberen. Dan was mijn hele schip
kletsnat. Ik zei altijd dat hij zich uit moest wringen voor hij aan
boord kwam, maar hij vergat 't steeds.'

Frank knijpt zijn neus dicht.
Poe, wat stinkt die schoen!
'En deze fles? Wat zit daarin?'
'Dat is héél geheim,' zegt Willem.
'Alleen zeerovers mogen dat weten.
Jij niet, want jij bent een landrot.'
'Ik ben geen landrot.
Ik kan zwemmen!'

'Goed dan,' zegt Willem. Hij peutert een stuk papier uit de fles.
'Dit is een schatkaart. Ik had de schat gevonden, maar hij werd
bewaakt door een enorm zeemonster. Ik heb uren met dat beest
gevochten! Hij had vier... nee, zeven armen, en iedere keer
als ik er eentje los had kwam er weer een andere. Eindelijk
kon ik 'm een paar goeie klappen op zijn kop geven, en
toen droop hij af. Maar hij had wel mooi mijn schip
vernield. Alles wat ervan overbleef was dit stuk
touw. Daar zullen we een staart van maken
voor je vlieger.'

Maar Frank heeft een veel beter plan. 'Laten we jouw vlieger als zeil gebruiken! Dan bouwen we een nieuw schip, we gaan naar het zeemeerminnetje en de waterman, we vechten met het zeemonster, en dan pakken we de schat en...'
'Nou, ik weet het niet, hoor,' twijfelt Willem. 'Je bent toch een landrot, hè, en landrotten worden nogal gauw zeeziek.'
'Ik niet,' zegt Frank. 'Even thuis wat spullen halen.
Ik ben zo weer terug!'

Willem is helemaal in de war. Zenuwachtig loopt hij heen en weer.
Daar komt Frank alweer terug. Hij heeft een rugzak bij zich.
'Zeg, Frank,' begint Willem, 'ik moet je iets vertellen.'
'Nu even niet,' zegt Frank. 'Daar hebben we nu geen tijd voor.
Er is nog een heleboel te doen!'

Ze zagen, ze timmeren, ze sjorren - en dan is het eindelijk zover:
de mast kan erop. Maar Willem kijkt helemaal niet blij.
'Voel je je niet lekker?' vraagt Frank. 'Ben je soms zeeziek?'
'Nee,' zegt Willem zachtjes. 'Het is iets veel ergers.'
'Wat is er dan? Vertel op!'
'Ik... ik kan niet zwemmen.'

'Is dat alles?' lacht Frank. 'Dat geeft toch niet.'
'Maar als ik dan in het water val?'
'Dan is er nog niks aan de hand. Daar weet ik wel wat op.
Kijk maar eens wat ik in mijn rugzak heb!
Voor jou - want ik kan best al zonder.
Nou, zullen we dan maar?'

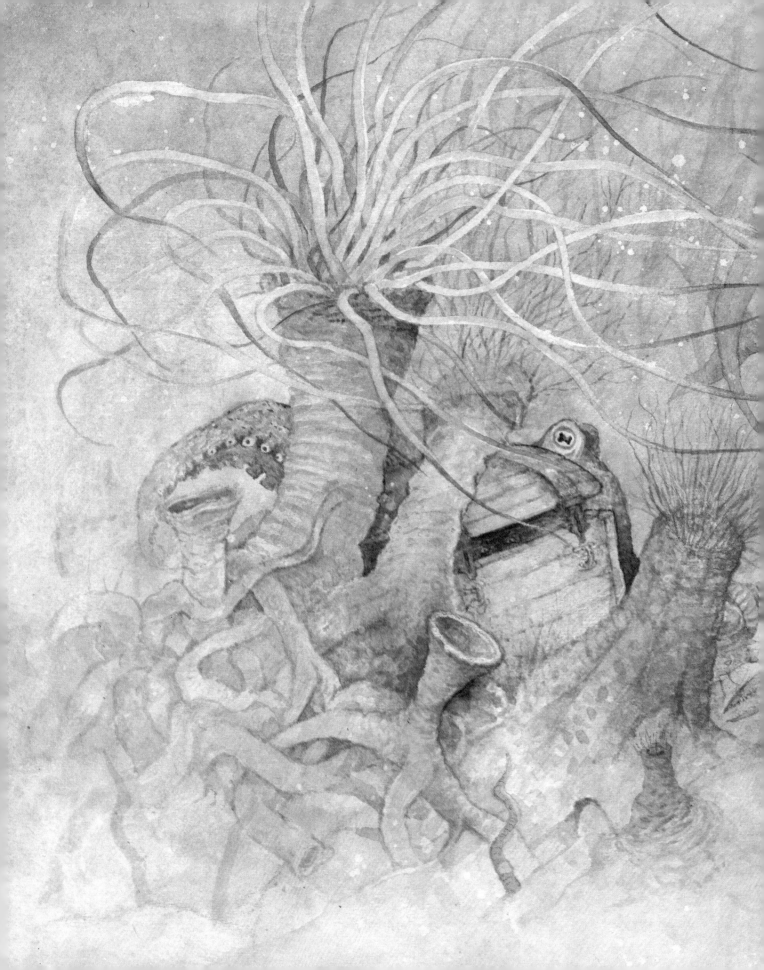